# 100 % magie

**Tours de magie**
Textes : Pierre Berloquin
Illustrations : Patrick Chenot

**Illusions d'optique**
Textes : Tobias Bungter, Britta Waldmann
Illustrations : Britta Waldmann, Boris Kauer, Heiko Voss
Traduction : Christine Mignot

Conception graphique et maquette : Flgraf / François Lemaire, Sonia Blanchard
Remerciements : Emmanuelle Radiguer, Coralie Delecluse

Mes Poches Deux Coqs d'Or

# 100 % magie

DEUX COQS D'OR

# L'APPÂT DU GAIN

Annonce à un copain que tu vas lui donner un billet de 5 €, mais qu'il sera incapable de le saisir. Pour mieux le frustrer, montre-lui ce qui va se passer : lâche le billet d'une main et rattrape-le de l'autre. Puis laisse-le essayer. Attention : s'il touche au billet avant que tu le lâches, il a perdu ! Rassure-toi : tu ne risques pas de perdre tes 5 € !

## ➔ COMMENT FAIRE ?

Le temps que le billet tombe de ta main dans celle de ton copain, **le circuit nerveux entre ses yeux et son cerveau n'a simplement pas le temps de donner** à sa main l'ordre de prendre le billet.

# TACHES ROUGES

Aux intersections des carrés
apparaissent des taches
qui disparaissent aussitôt
qu'on les fixe.

# LA BOTTE DE PLOMB

**Jette un sort au pied droit d'une copine : elle sera incapable de le lever tout en gardant le pied et l'épaule gauches contre un mur.**

## COMMENT FAIRE ?

**C’est une simple question d’équilibre :** le poids de son corps l’écarte du mur dès qu’elle commence à soulever son pied droit. Si elle garde son épaule gauche contre le mur, son pied droit pourrait aussi bien être cloué au sol !

# EN AVANT !

N'as-tu pas l'impression
que cet éléphant
est en train d'avancer ?

# LA BOUTEILLE SAUTEUSE

**Place une bouteille vide (en verre) renversée (goulot en bas) sur une feuille de papier posée sur une table. Puis annonce que tu vas récupérer le papier sans soulever la bouteille et sans utiliser d'instrument.**

## COMMENT FAIRE ?

**Tu as pris soin de choisir une table en bois pas trop lourde, qui peut vibrer.** En tirant doucement le papier, martèle la table du poing, en rythme. Le papier vient millimètre par millimètre, à chaque petite secousse, lorsque la bouteille s'écarte de la table.

# LE CAVALIER

Vois-tu ici des bouts
de papier éparpillés ?
Ou as-tu distingué, au premier
coup d'œil, un cavalier sur son cheval ?

Notre perception est orientée
par les dessins que nous connaissons.
On discerne ainsi des formes concrètes
dans des images abstraites
(par exemple, dans les nuages
qui se forment dans le ciel).

# LES PIÈCES IMMOBILES

**Pose une bouteille vide (en verre) sur une table ; puis, sur le goulot, place une bande de papier et une pièce de monnaie. Prépare une paire de ciseaux et annonce que, grâce à eux, mais sans toucher à la pièce, qui restera sur le goulot, tu vas récupérer le papier.**

## COMMENT FAIRE ?

Avec les ciseaux, coupe le papier d'un côté, au ras du goulot. D'une main, tiens fermement l'autre extrémité du papier et donne un coup très sec, du tranchant de l'autre main. **Le papier se libère alors que la pièce reste en place par inertie.**

# ILLUSION DE MÜLLER-LYER

Les deux sections de ligne sont de la même longueur, même si notre œil a du mal à le voir, quel que soit le temps pendant lequel on fixe l'image. La section de ligne inférieure peut sembler jusqu'à un tiers plus longue.

L'illusion fonctionne même si l'on mesure avec une règle qui montre clairement que les deux sections de ligne ont la même longueur. L'effet s'explique par la longueur et l'angle des pointes des flèches.

# JEU DE POUCES

**Saisis un crayon à deux mains, en le tenant par les pouces, orientés vers le haut. En tournant rapidement les mains, tu fais passer le crayon successivement en dessous et au-dessus de tes paumes. Prête le crayon à tes copains : ils seront incapables de faire la même chose !**

## ➔ COMMENT FAIRE ?

**Le secret est de toujours faire pivoter les creux des pouces l'un contre l'autre.** Le crayon suit alors naturellement le mouvement et passe magiquement sur et sous les paumes.

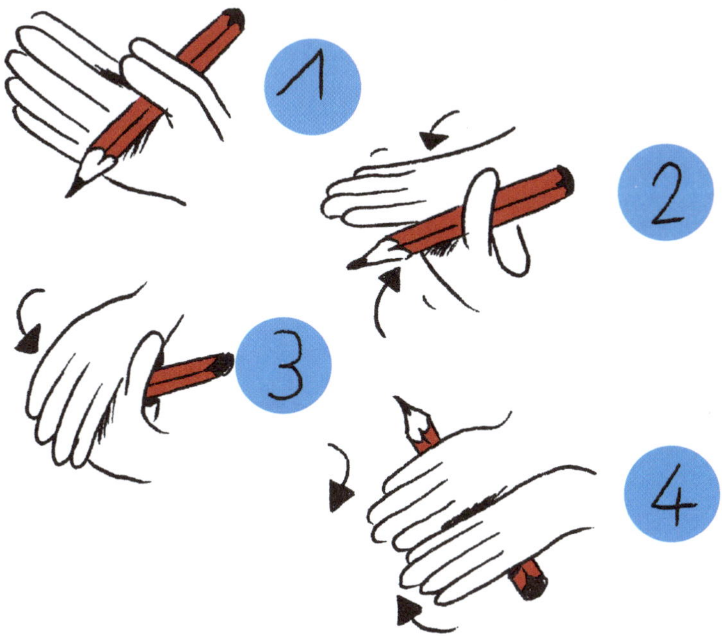

# ÉTOILES SCINTILLANTES

Balaie l'image du regard.
Notre cerveau s'efforce d'organiser
l'image et d'y trouver un motif.
Pourtant, il ne parvient pas à assembler
les éléments de ce dessin
pour former une structure organisée
et homogène. Il tendrait plutôt
à multiplier les motifs.
Notre œil continue toutefois
à chercher des centres possibles.
D'où l'impression d'étoiles qui scintillent.

# LES BOUCHONS FARCEURS

**Tu tiens deux bouchons dans les creux des mains entre le pouce et l'index. D'un geste rapide, échange les deux bouchons, que tu tiens maintenant entre les extrémités du pouce et de l'index. Si tu passes ces bouchons à tes copains, ils seront incapables de faire la même chose : leurs bouchons resteront coincés.**

## COMMENT FAIRE ?

**Il faut t'entraîner un peu, mais c'est facile.**
Ta main droite doit pivoter un peu plus qu'on ne croit nécessaire pour aller prendre les bouchons par en dessous, sans faire de boucle, avec le pouce et le médium – pas l'index !

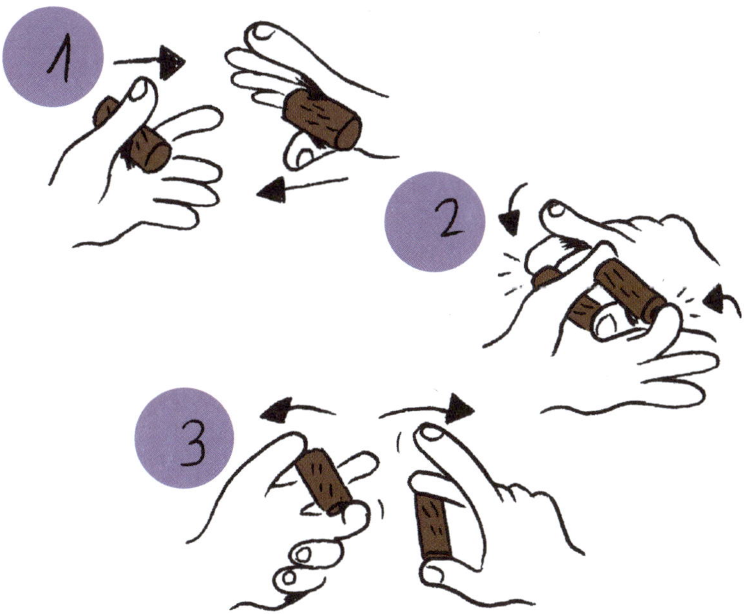

# QU'EST-CE QUE C'EST ?

On voit clairement une figure rose
qui se détache sur un fond blanc.
En y regardant de plus près,
on reconnaît facilement la lettre E.

Une fois que l'on a décrypté l'image,
il devient difficile de ne voir qu'une simple
figure, comme au départ.
La lettre E nous saute aux yeux.
Ce phénomène, à la base
du dessin-devinette, repose sur notre
perception du premier plan
et de l'arrière-plan.

# DÉS-ÉQUILIBRE

**Impossible de placer deux dés en équilibre sur un troisième ? Pour tes copains, peut-être, car les poids des dés les feront retomber, mais pas pour toi !**

## ➔ COMMENT FAIRE ?

Il s'en faut de très peu pour que les dés restent en place. Pour les aider, passe discrètement un doigt dans ta bouche et mouille une des faces de dé qui touche l'autre. **Cela suffira pour assurer l'équilibre. Mais ne les laisse pas trop longtemps en place !**

# TROUVER LE CENTRE

Lequel des deux points est le centre du cercle ? Bien qu'il semble s'agir du point bleu, c'est le point blanc qui est le centre du cercle.

Les arcs de cercle orientés vers la droite déplacent visuellement le centre du cercle vers la droite.

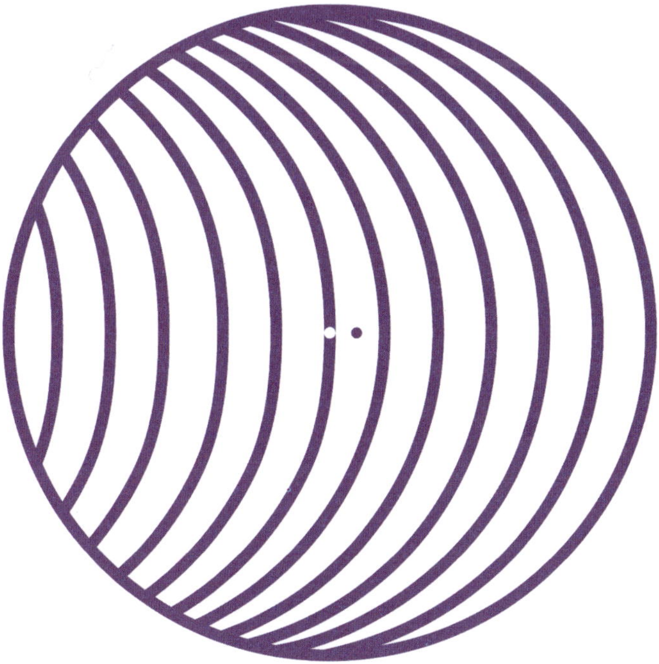

# LES DÉS SAUTEURS

**Dans une main, tu tiens à la fois un verre et deux dés placés de l'autre côté du verre. Lance le dé du dessus et rattrape-le dans le verre, puis annonce que tu peux lancer l'autre dé pour qu'il rejoigne le premier dans le verre. Tes copains, eux, en seront incapables car leur premier dé s'échappera quand ils lanceront le second.**

## COMMENT FAIRE ?

Tiens ta main assez haut sur le verre quand tu lances le premier dé. Pour le second, baisse discrètement ta main pour l'attraper tout en faisant un petit déplacement de côté : **le frottement contre le verre va empêcher le premier dé de s'échapper.**

# DEUX... ET TROIS !

Tiens le livre ouvert à plat
devant toi à hauteur des yeux.
Fixe les lignes :
une troisième ligne apparaît.

# LES TROMBONES AMOUREUX

**Sur une table, pose une feuille de papier et deux trombones, et annonce que la feuille de papier va te servir à enlacer les deux trombones sans que tu les touches.**

## ➔ COMMENT FAIRE ?

Le papier doit être assez résistant pour ne pas se déchirer. Au besoin, plie-le en deux pour faire une bande. Place les trombones comme sur la figure 1. **Si tu tires d'un coup sec, ils sauteront et... retomberont enlacés.**

1

2

# SARA NADER

Qu'as-tu vu en premier
sur ce dessin : un saxophoniste ou
le visage d'une femme ?

Un psychologue de l'université
de Stanford (Californie),
Roger Shepard, a imaginé cette illusion
d'optique en 1990 et l'a baptisée
« Sara Nader » : jeu de mots entre
*Sara* et *sérénade*.

# LE PIÈGE À EAU

**Incroyable mais vrai ! Tu réussis à poser un verre à moitié plein d'eau renversé sur un plateau ! Défie tes amis de parvenir à réaliser cet exploit, même en utilisant n'importe quel objet pour y arriver...**

## ➔ COMMENT FAIRE ?

Aide-toi d'une simple feuille de papier, que tu poses sur le verre à moitié plein. Place ta main sur le papier, retourne le verre et pose-le avec le papier sur le plateau. **Tire doucement sur le papier. Il vient et l'eau reste.**

# LATTES DE TRAVERS ?

Les lattes de cette clôture semblent de travers et tordues, comme si elles étaient restées trop longtemps sous la pluie. Pourtant, elles sont bel et bien droites.

Les lignes en forme de flèches dessinées sur les lattes donnent l'illusion d'une courbure lorsqu'on les observe.

# LE CUBE TAQUIN

Place un cube de glace dans un verre d'eau et montre qu'il est irrésistiblement attiré par le bord du verre. Même si tu le pousses au centre, il revient au bord. Pourtant, grâce à tes pouvoirs magiques, tu vas forcer le cube à rester au centre !

## ➔ COMMENT FAIRE ?

L'eau est « attirée » par le bord du verre, car, à cet endroit, elle remonte légèrement et le cube y flotte. Inverse la situation en remplissant le verre à la limite du débordement. **La surface se courbe vers le haut et le cube vient flotter au centre.**

# VICTORIA

**Si l'on regarde à l'envers cette page portant le mot *Victoria*, on lit étonnamment le même mot : *Victoria*.**

**Les figures graphiques lisibles dans plusieurs sens s'appellent « des ambigrammes ».**

# VICTORIA

# GLACE RODÉO

**Toi, le meilleur cow-boy du pôle Nord, tu vas attraper un glaçon au lasso sans le toucher avec les mains ! Pour cela, noue une petite boucle au bout d'un fil. Le cube va sortir du verre pendu à la boucle. Mais, avant cela, annonce que tu auras besoin d'un objet.**

## COMMENT FAIRE ?

**L'objet dont tu as besoin est une salière !** Saupoudre de sel le cube et le lasso posé dessus. La glace va alors fondre légèrement et se reformer en adhérant au lasso. C'est le moment de le tirer pour sortir le glaçon du verre !

# ÉGOCENTRISTE

**Lorsqu'on fixe ce motif concentrique, on voit se dessiner des cercles blancs du milieu vers l'extérieur.**

Cet effet d'« images mouvantes » a été utilisé par le Op Art, mouvement artistique qui vit le jour dans les années 1960 aux États-Unis.

# L'ALLUMETTE

**Rien de plus fragile qu'une allumette ? Pas si sûr... Places-en une entre les trois derniers doigts de la main d'un ami et demande-lui de la casser, à la seule force de sa main. Il en sera incapable. Mais toi, tu peux le faire !**

## COMMENT FAIRE ?

**Tu as seulement besoin de taper sur une surface dure.** Par exemple, donne une bonne claque sur une table avec ta main tenant l'allumette. L'inertie de tes doigts la cassera automatiquement.

# LIÈVRE OU CANARD ?

Selon l'angle sous lequel tu regardes l'image, tu peux discerner un canard ou un lièvre.

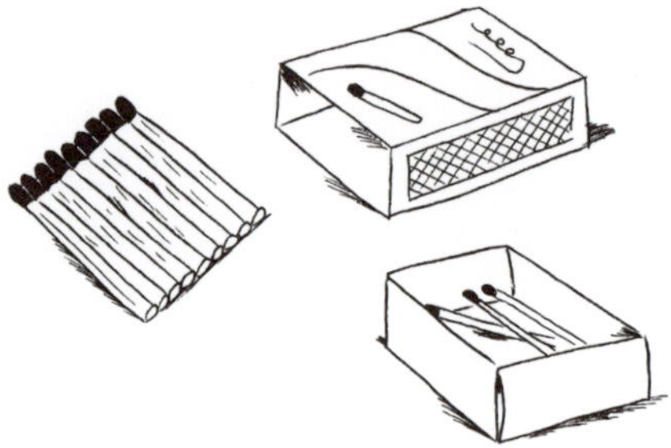

# LES ALLUMETTES VOLANTES

Ouvre une boîte d'allumettes
et alignes-en plusieurs, les unes contre
les autres, pour former une bande
de la largeur de la boîte.
Puis annonce que tu es le(la) seul(e)
capable de soulever toutes ces allumettes
à la fois, sans les toucher, avec
la seule aide de la boîte.

## ➔ COMMENT FAIRE ?

Sors la boîte de son étui. Prends une extrémité de l'étui dans ta bouche, pose l'autre sur les allumettes et aspire. Aussi longtemps que tu aspireras, tu pourras soulever les allumettes. **Si la bande a bien la largeur de la boîte, tu les aspireras toutes.**

# ZIGZAG

Ces cercles te semblent-ils alignés ?

Le mouvement en zigzag de la figure en arrière-plan tend à déplacer les cercles vers la gauche ou vers la droite.

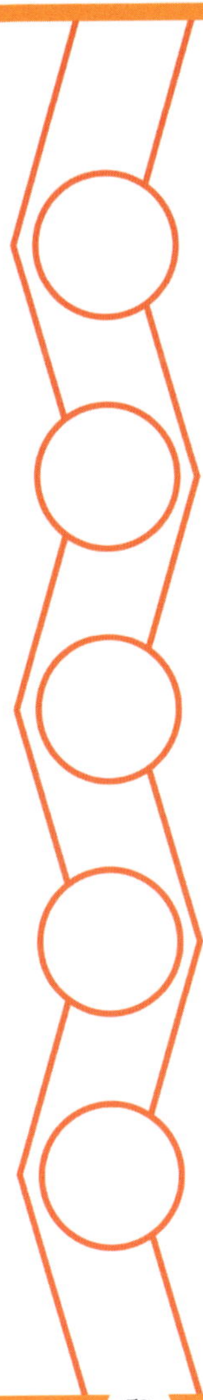

# ALLUMETTES INTIMES

**Pose quatre allumettes sur une table. Tu vas d'abord montrer qu'il est facile d'en disposer trois pour que chacune touche les deux autres. Laisse toutes les allumettes au contact de la table et annonce ensuite que tu peux en disposer quatre de telle sorte que chacune touche les trois autres.**

## COMMENT FAIRE ?

Tu as laissé les allumettes sur la table pour que tes copains ne songent pas à la solution qui consiste à poser la quatrième allumette sur les trois premières. **Il faut penser en trois dimensions : au niveau de la seule surface de la table, c'est impossible !**

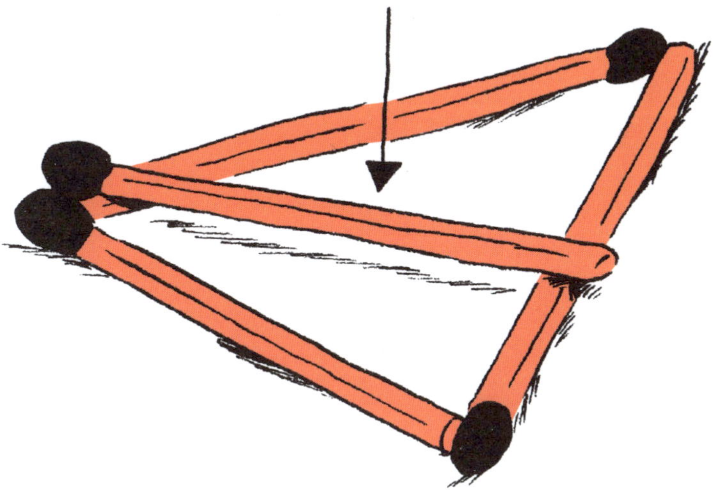

# DEUX TRIANGLES ?

La plupart des individus voient ici deux triangles superposés. Cette figure pourrait pourtant tout aussi bien représenter un trapèze et un triangle.

De fait, nous avons tendance à voir des figures familières (comme des triangles) et à réinterpréter des figures non explicites en formes connues.

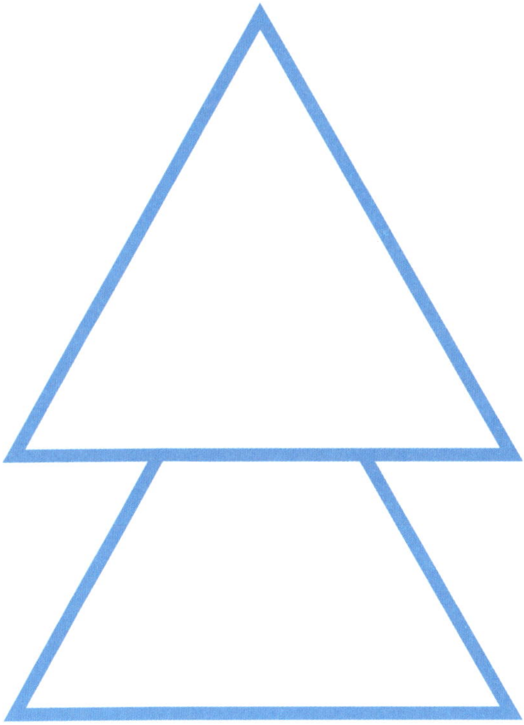

# LES BOÎTES INTIMES

**Mets tes amis au défi de parvenir à empiler six boîtes de telle sorte que chacune touche les cinq autres. Ils n'ont pas fini de faire travailler leurs méninges…**

## COMMENT FAIRE ?

Chaque boîte peut toucher les cinq autres, **à condition de bien suivre la disposition géométrique des rectangles ci-dessous.**

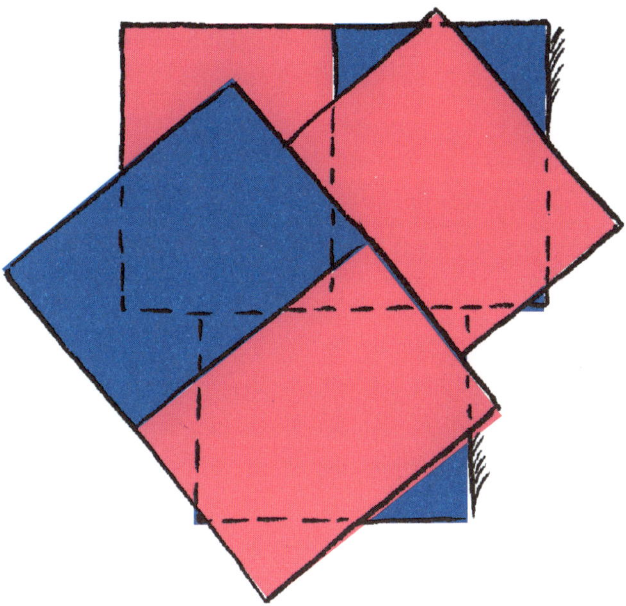

# VASE OU VISAGES ?

Un classique parmi les illusions d'optique. Que voit-on : un vase ou deux visages ?

En fait, les deux impressions sont aussi fortes et alternent. On voit ainsi tantôt un vase, tantôt deux visages selon ce que notre œil fait apparaître en arrière-plan ou au premier plan. Cette image double remonte à 1915.

# LES PIÈCES INTIMES

**Défie tes amis de disposer cinq pièces de monnaie de telle sorte que chacune touche les quatre autres. Pose les cinq pièces sur une table : tes copains se rendront rapidement compte qu'il ne suffit pas de les superposer comme les allumettes.**

## COMMENT FAIRE ?

**Commence par poser une pièce sur la table, puis deux autres pièces à plat sur la première.** Enfin, dispose les deux dernières comme une tente, reposant sur la pièce du dessous, tout en touchant le niveau intermédiaire.

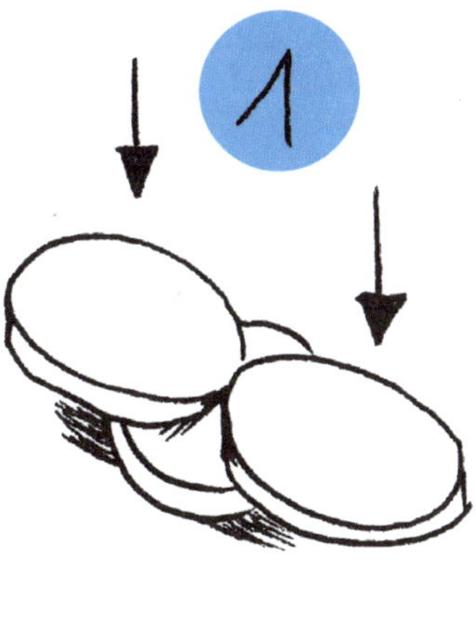


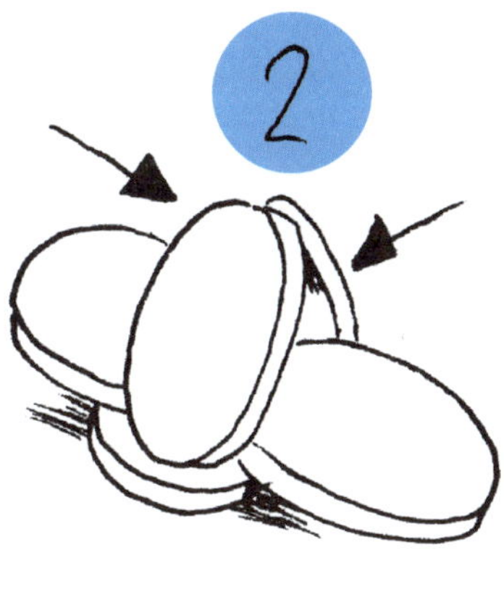

# UN COIN EN MOINS ?

Un coin manque à ce cube.
Cependant, si on l'examine de plus près,
une autre figure apparaît :
un petit cube se trouve devant le grand.
Cette figure peut donc être perçue
de deux manières.

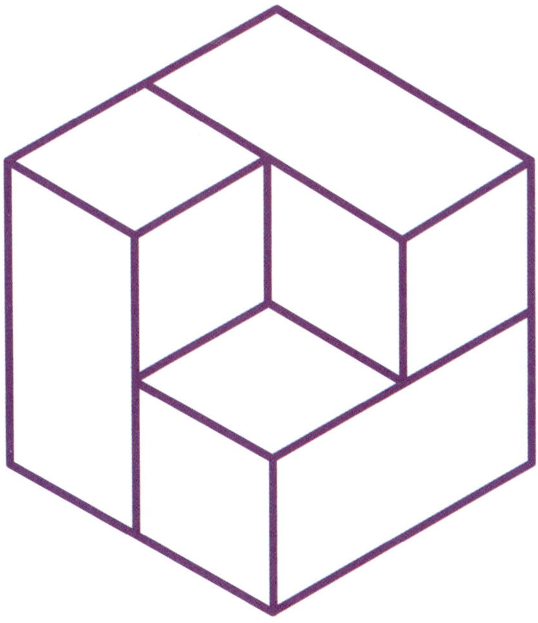

# DEVINER L'ŒUF

Rien de plus énigmatique qu'un œuf :
à le voir, rien ne permet de deviner
s'il est encore frais ou déjà cuit.
Pose deux œufs devant toi, parfaitement
semblables, sauf que l'un est cru
et l'autre cuit, et déclare que tu peux
les identifier sans avoir à les casser.
Puis demande à l'un de tes copains
de vérifier tes dires en les cassant…
au-dessus d'un bol !

## COMMENT FAIRE ?

Quand un œuf est frais, son contenu est encore liquide et flotte. Fais tourner l'œuf sur lui-même, puis arrête-le brusquement et relâche-le.
**S'il ne bouge pas, c'est qu'il est dur ;**
**s'il se remet à tourner, c'est qu'il est frais !**

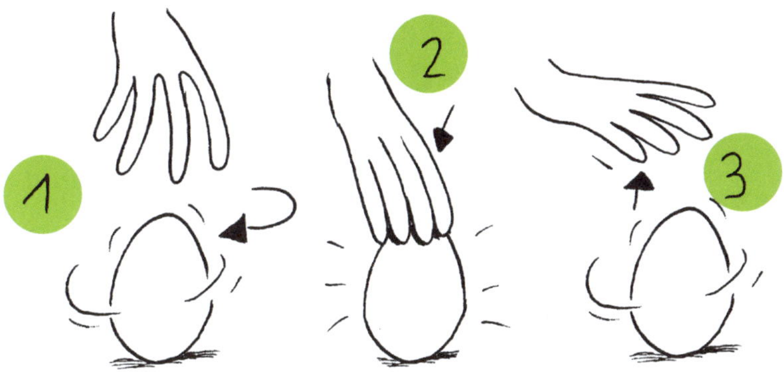

# L'AMPOULE

**Après avoir fixé l'ampoule pendant 30 secondes, on peut avoir l'impression qu'elle s'allume et éclaire la pièce.**

Or, il s'agit d'une illusion d'optique construite sur une persistance négative : elle est due à une exposition prolongée qui nous permet de garder la trace de l'image durant plusieurs secondes (comme après avoir regardé le Soleil). Tout ce qui est clair semble alors temporairement foncé.

# LE PONT DE COUTEAUX

**Pose, sur une table, quatre couteaux et deux verres, espacés d'un peu plus que la longueur d'un couteau. Pour étonner tes copains, annonce que tu vas faire un pont d'un verre à l'autre avec les couteaux.**

## COMMENT FAIRE ?

**Réalise le pont en utilisant comme contrepoids les manches des couteaux.** Ta construction sera d'autant plus solide que les couteaux seront plats, avec des manches assez lourds.

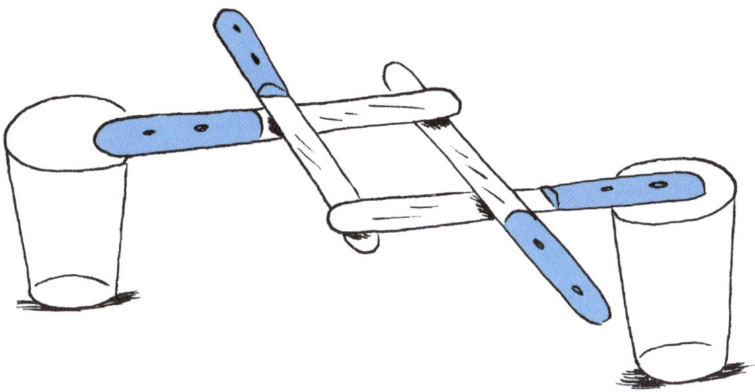

# QUI SUIS-JE ?

Quelques taches seulement...
Mais une fois que tu auras discerné
la vache, tu ne cesseras plus
de la voir !

# UN COUTEAU EN MOINS

Après avoir réalisé ton pont magique (voir p. 76), déclare qu'en réalité tu n'avais pas besoin des quatre couteaux pour y parvenir. Tu peux te passer d'un couteau et construire le pont avec trois seulement.

## COMMENT FAIRE ?

Un seul couteau, avec son manche, permet d'assurer l'équilibre de l'ensemble, **à condition de bien l'ajuster, comme l'indique la figure**.

# PLUS BLANC QUE BLANC !

Si l'on fixe le cercle du milieu pendant environ 30 secondes, un halo blanc semble l'entourer petit à petit. Le même phénomène se produit ensuite autour des autres cercles. Bien que le fond de la page soit déjà blanc, le halo a l'air plus blanc encore !

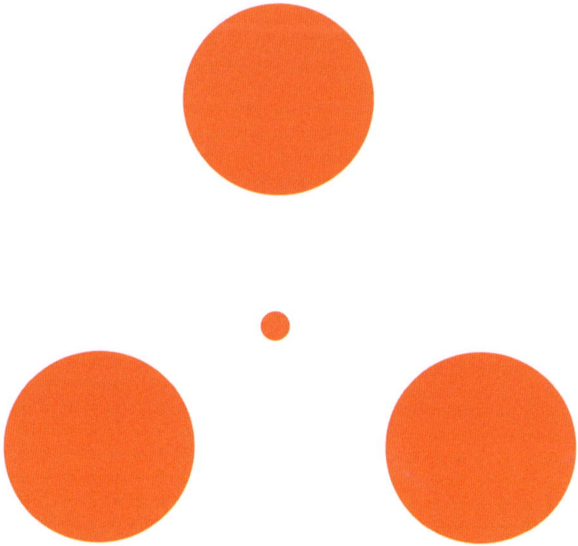

# LE PONT D'ALLUMETTES

**Prends quatre allumettes et dispose deux verres distants d'une longueur à peine supérieure à celle d'une allumette. Annonce que tu vas bâtir un pont d'allumettes permettant de les relier...**

## COMMENT FAIRE ?

La figure montre comment enchevêtrer une allumette dans le triangle formé par les trois autres. **Tu peux ainsi obtenir un pont un peu plus long qu'une allumette seule.**

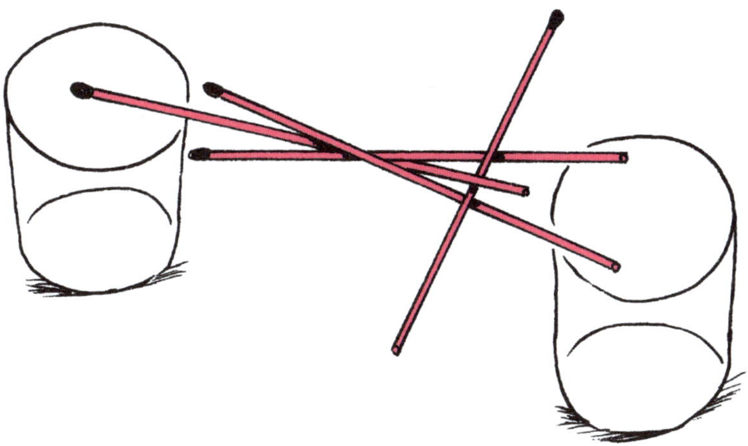

# CLOWN

**Vois-tu ici le portrait d'un clown ou as-tu déjà repéré le manège animé du cirque ?**

**Fais pivoter le livre de 45° pour mieux distinguer tous les artistes.**

# UN SOUS-VERRE EN ALLUMETTES

**Tu n'as pas fini d'étonner tes copains avec un verre et des allumettes ! Déclare que tu vas poser ton verre sur six allumettes, mais qu'aucun bout rouge d'allumette ne touchera la table. Plus facile à dire qu'à faire !**

## COMMENT FAIRE ?

**Dispose tes six allumettes en un « hexagone » dans lequel chaque allumette ne touche la table que par son bout en bois,** le bout rouge reposant sur une autre allumette et non sur la table.

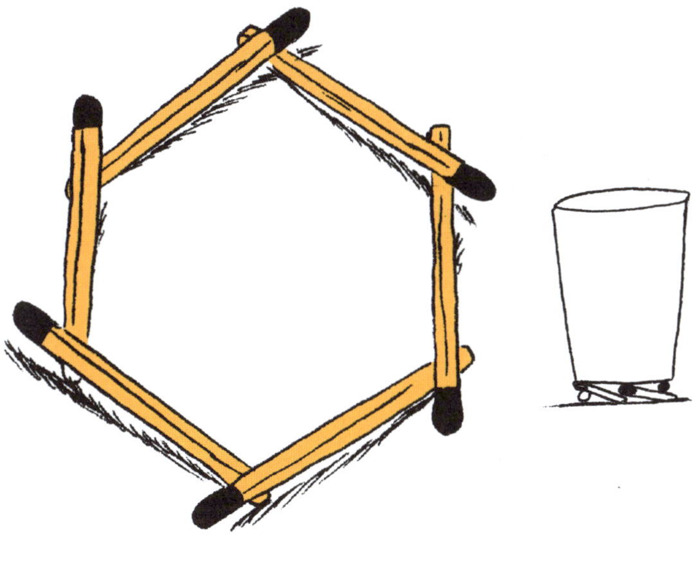

# CYCLONE

**Fixe le centre du dessin.
Agite maintenant le livre
en tous sens ou bouge la tête.**

Les tourbillons autour du centre s'expliquent
en partie par la symétrie des axes,
ainsi que par le mélange des deux couleurs,
le rose et le blanc, lié aux rayons
de plus en plus rapprochés.

# LES CARTES SUR L'ALLUMETTE

**Pour ce tour, sors six cartes d'un paquet et annonce que tu vas les faire tenir sur une allumette. En soulevant l'allumette, tu soulèveras les six cartes à la fois.**

## ➔ COMMENT FAIRE ?

En enchevêtrant les six cartes comme le montre la figure, elles deviennent toutes solidaires de la carte centrale. **En glissant une allumette dessous, tu les soulèves toutes à la fois.**

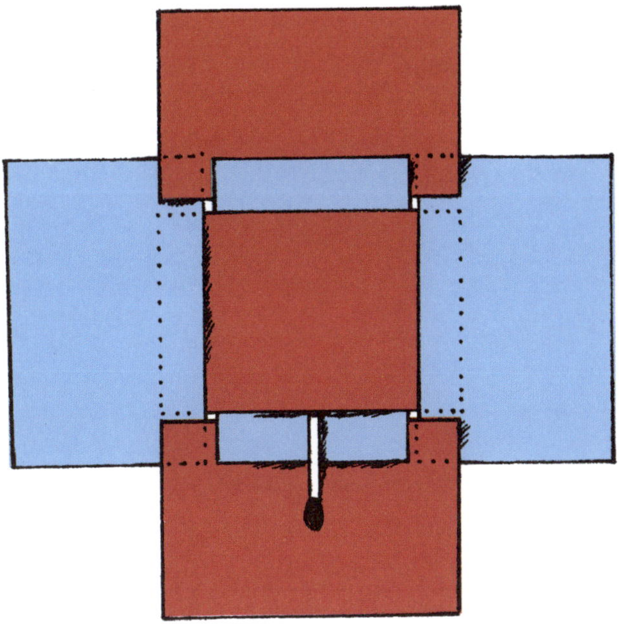

# DOIGT OU CHAT ?

Tout dépend de l'angle de vue :
ce doigt pointé vers le haut
se transforme en chat
si tu tournes le livre
dans l'autre sens.

# ONZE SUR UNE

**Pour ce tour, tu peux garder les allumettes, mais il est plus facile à réaliser avec des pointes à grosse tête. Annonce que, comme avec les six cartes du tour de la page 92, mais en accentuant le niveau de difficulté, tu vas soulever onze allumettes avec une seule.**

## COMMENT FAIRE ?

Il suffit de disposer les allumettes (ou les pointes) en les alternant autour d'une autre. **Leurs poids referment les allumettes (ou les pointes) sur celle qui est en travers, et tu peux soulever l'ensemble.**

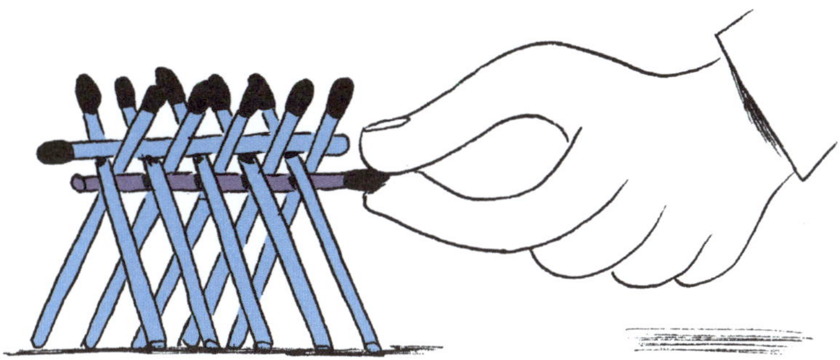

# GRIS, C'EST GRIS ?

Lequel de ces petits carrés gris
est le plus clair ?
Lequel est le plus foncé ?
Ils sont, en fait, exactement
de la même teinte. Ils paraissent
pourtant plus clairs ou plus foncés
selon la couleur qui les entoure.

Si l'on regarde de plus près le carré
en bas à gauche et celui en haut à droite,
on pourrait même penser
que les couleurs de l'extérieur
et de l'intérieur ont été permutées.

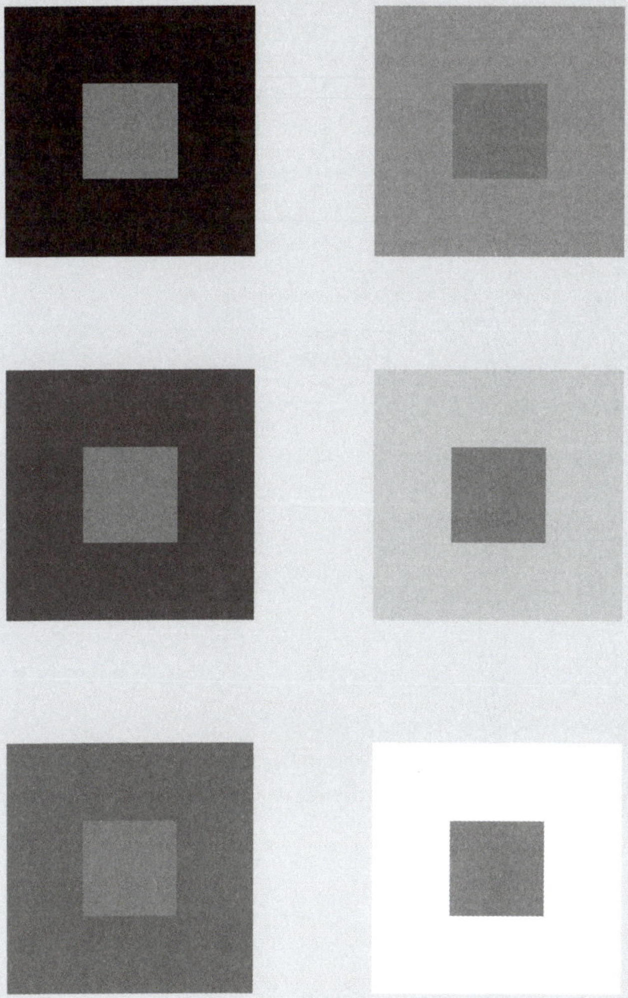

# LE PONT DU BILLET

**Avec un simple billet de banque (ou une feuille de papier de la même taille), déclare que tu vas réaliser un pont entre deux verres sur lequel tu pourras poser une pièce de monnaie.**

## COMMENT FAIRE ?

**Pour donner de la rigidité au billet, tu le plisses en accordéon dans sa longueur.** Il va devenir si solide qu'il supportera facilement la pièce que tu poseras dessus.

# ANIMAL

Tiens le livre à l'horizontale,
son bord inférieur face à toi,
de telle sorte qu'il forme
un angle de 90° avec ton visage
et que tu aies vue
sur le dessus du livre.
Tu découvriras alors un animal
bien connu et un texte lisible.

Ces dessins déformés,
dont tu ne peux voir la « vraie » forme
que sous un angle différent,
sont des anamorphoses.

# LA LIGNE CONTINUE

**Sur une feuille de papier, trace un grand A, un grand B et un cercle fermé autour du A. Puis annonce que tu es capable de tracer un trait continu du A au B sans couper le cercle fermé.**

## COMMENT FAIRE ?

Tu as annoncé que le trait serait continu, mais sans préciser qu'il se trouverait entièrement sur le papier. **Pose un doigt sur le A, un autre sur le B et trace ton trait continu en le poursuivant sur ta main, qui sert de pont au-dessus du cercle.**

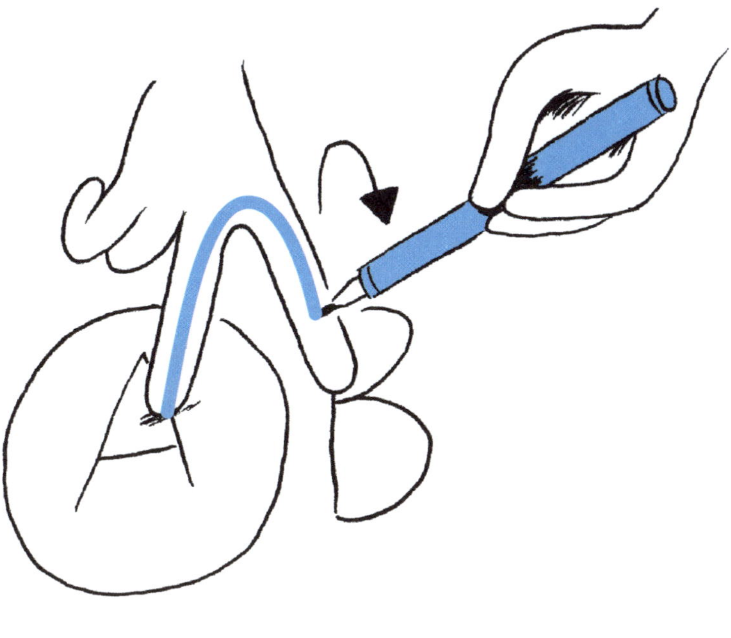

# LE CARRÉ DÉFORMÉ

Ce carré semble déformé
par les lignes du cercle.
L'effet est plus marqué encore si
les lignes du cercle ne sont pas
régulièrement espacées.

Même si l'on sait que les côtés
du carré sont droits, notre raison
ne nous permet pas d'éviter
l'illusion d'optique.

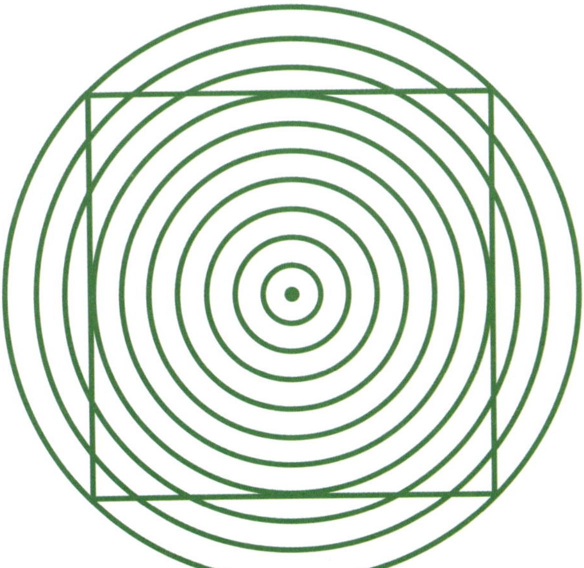

# QUE LA FORCE SOIT AVEC TOI !

**Tu détiens le pouvoir de déplacer les objets par la force de ta pensée et le rythme de tes doigts ! Et tu vas le prouver… Roule une petite boule de papier et, en frappant en rythme sur une table, fais-la s'éloigner de toi.**

## COMMENT FAIRE ?

Le rythme bizarre que tu tapes sur la table ne sert qu'à tromper tes copains. **En réalité, d'une manière imperceptible, tu souffles légèrement** et c'est ce qui déplace vraiment la boulette !

# LA JEUNE ET LA VIEILLE

L'une des plus célèbres illusions d'optique. Sur cette image, on peut voir une jeune femme qui détourne le regard. Si l'on prend son menton pour faire un nez, on distingue alors une vieille femme de profil. La plupart des individus voient d'abord la jeune femme.

Cette caricature, publiée dans un magazine en 1915, s'intitule *Ma Femme et ma Belle-Mère*.

# LA PIÈCE OBÉISSANTE

**Une pièce de monnaie est plus lourde qu'une boulette de papier, mais il est possible de la déplacer à distance si elle est posée sur une nappe. Déclare que tu vas la faire venir vers toi en ne touchant que la nappe.**

## ➔ COMMENT FAIRE ?

**Il te suffit de gratter régulièrement la nappe dans ta direction.** Tu produis ainsi des sortes de vagues sur le tissu, qui se propagent jusqu'à la pièce qui avance lentement, mais sûrement, vers toi.

# OISEAUX OU ANTILOPES ?

On voit ici comment de petites modifications peuvent changer notre perception. Bien que ces deux dessins soient quasiment identiques, on voit une nuée d'oiseaux en haut et un troupeau d'antilopes en bas. Ou inversement...

# L'ŒUF DE COLOMB

**Christophe Colomb avait montré à son roi comment faire tenir un œuf debout en en cassant légèrement une extrémité. Toi, tu vas parvenir à réaliser cet exploit… sans casser l'œuf ! Tu as juste besoin de préparer ton tour au préalable, avec une table, une nappe, et un peu de sel ou de sable.**

## COMMENT FAIRE ?

Tu n'as pas besoin de casser l'œuf, car tu as secrètement placé, auparavant, un petit tas de sel ou de sable sous la nappe. **À l'endroit que tu as repéré, place ton œuf en écrasant le petit tas : il tiendra debout !**

# ILLUSION D'OUCHI

**Un ballon en trois dimensions semble se détacher de l'arrière-plan. L'effet s'accentue lorsqu'on agite le livre.**

Scientifiquement, l'illusion d'Ouchi (du nom d'un artiste japonais : Hajime Ouchi) ne s'explique pas encore. L'effet pourrait provenir des bords du cercle, là où les lignes courbes rencontrent les lignes verticales de l'arrière-plan. Notre cerveau est, en effet, incapable d'évaluer la longueur des carreaux dans cette zone.

# L'ARGENT SUR LE COUDE

**Place trois pièces sur le coude d'un copain, et demande-lui de les rattraper dans la main en refermant le bras. Impossible ? Pas pour toi !**

## COMMENT FAIRE ?

**Le truc consiste à plier légèrement les genoux en refermant le bras.** Ainsi, ta main sera à un bon niveau pour rattraper facilement les pièces.

# L'ESCALIER QUI MONTE

Cet escalier conduit toujours vers le haut et la gauche, que l'on regarde le livre à l'endroit ou à l'envers.

Cette figure réversible est connue sous le nom d'« escalier de Schroeder » (mathématicien allemand qui créa cette figure en 1858).

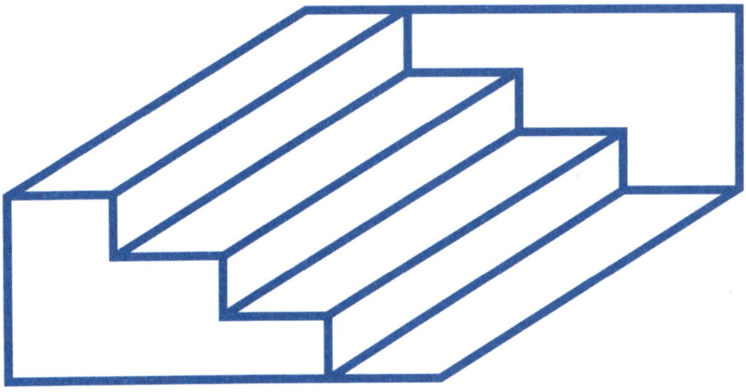

# LA MAIN PRISONNIÈRE

**Ligote tous les doigts d'une main dans une boucle de ficelle. Quand la situation semble devenue inextricable, tire sur la ficelle et ta main se libérera, comme par miracle !**

## COMMENT FAIRE ?

**Le tour est impressionnant si tu t'entraînes à enchaîner rapidement les six étapes du schéma.** Tire ensuite sur la boucle du bas, et la ficelle sortira de ta main comme par magie !

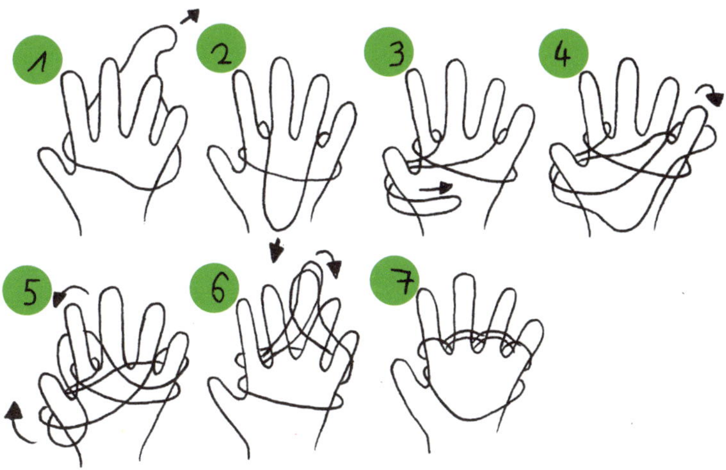

# L'ÉLASTIQUE À TRAVERS LES DOIGTS

**Montre un élastique apparemment entouré autour de deux de tes doigts, le poing fermé. Quand tu ouvres la main, l'élastique s'est déplacé autour de deux autres doigts.**

## ➔ COMMENT FAIRE ?

**Les copains ne peuvent pas voir que l'élastique n'est pas réellement autour des deux doigts :** tu t'es entraîné(e) à le passer aussi autour des autres doigts. Quand tu ouvres ta main, il saute autour des deux autres.

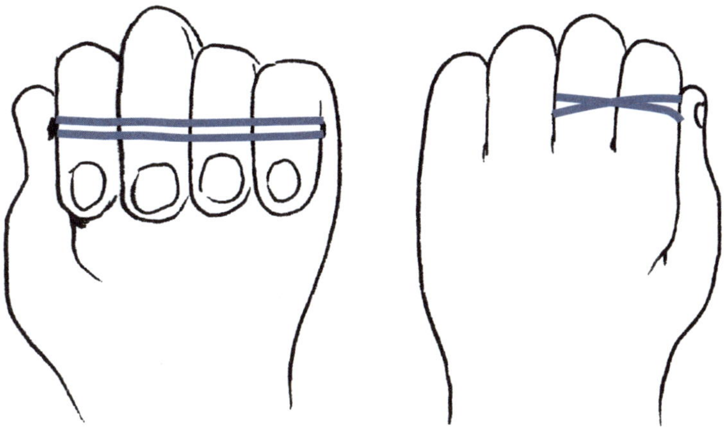

Édité par Hachette Livre – 43 quai de Grenelle, 75905 Paris Cedex 15
Imprimé en Chine par Leo Paper, à Hong-Kong.
Achevé d'imprimer en juin 2013.
ISBN : 978-2-01-394224-9. Dépôt légal : juin 2013 – Édition 01
Loi n° 49-956 du 16 juillet 1949 sur les publications
destinées à la jeunesse.